BEI GRIN MACHT SICH IHR
WISSEN BEZAHLT

AF145142

- Wir veröffentlichen Ihre Hausarbeit,
  Bachelor- und Masterarbeit

- Ihr eigenes eBook und Buch -
  weltweit in allen wichtigen Shops

- Verdienen Sie an jedem Verkauf

Jetzt bei www.GRIN.com hochladen
und kostenlos publizieren

Bibliografische Information der Deutschen Nationalbibliothek:

Die Deutsche Bibliothek verzeichnet diese Publikation in der Deutschen National-
bibliografie; detaillierte bibliografische Daten sind im Internet über http://dnb.d-
nb.de/ abrufbar.

Impressum:

Copyright © 2007 GRIN Verlag, Open Publishing GmbH
Druck und Bindung: Books on Demand GmbH, Norderstedt Germany
ISBN: 978-3-668-04495-1

Dieses Buch bei GRIN:

http://www.grin.com/de/e-book/118954/russlanddeutsche-ein-historischer-ueberblick

Christian Imberi

Russlanddeutsche. Ein historischer Überblick

GRIN Verlag

Friedrich-Alexander-Universität
Erlangen-Nürnberg
Institut für Soziologie (Philosophische Fakultät II)

Hausarbeit

HS Ausländer und ethnische Minderheiten

Wintersemester 2006/2007

Russlanddeutsche.
Ein historischer Überblick

Christian Imberi

Inhaltsverzeichnis

1. Wer sind die Russlanddeutschen?

Mit den Begriffen „Russlanddeutsche" oder „Spätaussiedler" können wohl die meisten Bürger der Bundesrepublik bis heute wenig anfangen, für ein Großteil der Bevölkerung sind es einfach nur die „Russen" und das nächste was in diesem Zusammenhang fällt sind die Kriminalität, Gewalt und der Alkoholismus der mit diesen „Russen" verbunden wird. Das der Begriff „Russlanddeutsche" als Sammelbezeichnung für die deutsche Minderheit in Russland und den anderen Staaten der ehemaligen Sowjetunion steht wissen die wenigsten und dass die als „Russen" bezeichneten Russlanddeutschen eigentlich Deutsche sind wissen wahrscheinlich noch weniger. Mit der gut 250 Jahre alten Geschichte der Russlanddeutschen kennt sich die breite Masse kaum aus, ebenso geringfügig ist der Wissensstand wenn es um die Beweggründe für die Rückkehr nach Deutschland geht. Fakt ist allerdings, dass schon seit Anfang der fünfziger Jahre russlanddeutsche Aussiedler nach Deutschland einreisten, wenn damals auch völlig unbemerkt von der Öffentlichkeit, da nur in sehr geringen Zahlen. Nach dem Umschwung der sowjetischen Politik Mitte der 80er stiegen die Zahlen der nach Deutschland einreisenden Aussiedler bis Mitte der 90er drastisch an und sind seitdem wieder am Fallen. In den nächsten Jahren wird die Zahl allen Prognosen nach weiter sinken und gegen Null gehen. Die Welle, um bei der von den Medien beliebten Wassermetaphorik zu bleiben, der Russlanddeutschen Mitte der 90er war es also erst, welche die Aufmerksamkeit auf die Spätaussiedler lenkte und damit auch vor allem auf die Probleme die mit ihnen kamen. Aussiedler wurden in der Öffentlichkeit zudem auch noch oft mit Flüchtlingen und Asylanten gleichgesetzt, was die Metaphorik vom sinkenden Boot noch verstärkte. Dass die Aussiedler aber einen Sonderstatus gegenüber anderen Einwanderungsgruppen haben und dadurch die deutsche Staatsbürgerschaft erhalten war und ist vielen Bundesbürgern gar nicht bewusst oder wenn es Ihnen bewusst ist dann stellt es ein großes Rätsel dar. Um somit vorab aufzuklären warum die Russlanddeutschen diesen Sonderstatus mit der deutschen Staatsbürgerschaft gegenüber anderen Gruppen wie Flüchtlingen oder Asylanten überhaupt einnehmen muss zunächst ein Blick auf die Geschichte der Russlanddeutschen geworfen werden.

2. Die Geschichte der Deutschen in Russland

2.1 Der erste Siedlerstrom und das Anwerbemanifest von Katharina II.

Schon im Mittelalter gab es deutsche Bewegungen gen Osten, diese sind aber vom 12. bis 15. Jahrhundert vor allem auf Handelsbeziehungen zurückzuführen, also waren es zu diesem Zeitpunkt eher Adels- und Handelsleute in kleinen Zahlen die gewinnbringenden Handel in Russland trieben. Bis zum 17. Jahrhundert kam die Ausdehnung Richtung Osten dann aber eher wieder zum Erliegen, dann allerdings unter Zar Peter I., der als Bewunderer der deutschen Technik und Kultur galt, kamen viele deutsche Intellektuelle ins Land, zunächst nach Moskau, in die so genannte ‚nemezkaja sloboda' (Deutsche Vorstadt) und ab 1703 ins neu gegründete St. Petersburg. Die meisten dieser deutschen Intellektuellen und Spezialisten verweilten allerdings nur einige Jahre in Russland, sie waren gekommen um bei der Modernisierung des russischen Staates behilflich zu sein. Die erste relativ große Gruppe deutschsprachiger Siedler erreichte Russland erst unter Katharina II. Grund für die Anwerbung deutscher Siedler war die Expansion des Russischen Reiches nach Süden in Richtung Schwarzes Meer und die Peuplierungspolitik welche verfolgt wurde. Die eroberten Gebiete sollten urbar gemacht werden, außerdem sollte durch die Besiedlung eine Art Bollwerk gegen die asiatischen Völker geschaffen werden. Allerdings waren die eigenen, russischen Bauern zu dieser Zeit meist in Lehnverhältnissen gefangen, ca. 75% waren Leibeigene und somit zahlenmäßig zu gering vertreten um die neuen, riesigen Landstriche zu bewirtschaften. Von den Deutschen hatte das Russische Reich eine hohe Meinung, sie galten als fleißig und genügsam, weiterhin versprach man sich durch ihr Know-how einen Aufschwung der eigenen Wirtschaft. Somit führte es im Jahr 1763 durch ein Anwerbemanifest von Katharina II. zur ersten planmäßigen Kolonisierung der Gebiete der mittleren Wolga durch deutsche Bauern. Das russische Anwerbeangebot traf in Deutschland zu dieser Zeit aufgrund mehrer Faktoren auf offene Ohren. Wirtschaftlich gesehen führten das enorme Bevölkerungswachstum, das Anerbrecht und die Realerbteilung zu einer Verknappung bzw. Zersplitterung der landwirtschaftlichen Nutzflächen und somit zu Engpässen in der Eigenversorgung und einer allgemeinen Verarmung der Landbevölkerung. Auch im städtischen Handwerk gab es zu dieser Zeit nicht genug Arbeit um der wachsenden Bevölkerung aus dem Elend zu helfen. Politisch gesehen war vor allem der gerade zu Ende gegangene Siebenjährige Krieg (1756-1763) einer der Hauptfaktoren. All die negativen Nebenerscheinungen eines Krieges wie Zwangsrekrutierungen, welche viele junge Männer ohnehin zur Flucht veranlassten, Plünderungen, Ernteausfälle und hohe Kriegssteuern taten ihr Übriges. Auch religiöse Verfolgung war ein Faktor welcher einige Bevölkerungsschichten bei dem Anwerbeangebot aufhorchen ließ. Zu diesen Push Faktoren kamen dann noch die im Anwerbemanifest geregelten Versprechungen welche für viele Deutsche attraktiv schienen und somit zu Pull-Faktoren wurden. Hier die wichtigsten Punkte aus dem Manifest:

- Recht auf Religionsfreiheit,
- Persönliche Freiheit für die Kolonisten und ihre Nachkommen,
- Das Recht an jeden Ort in Russland zu reisen oder sich niederzulassen bzw. aus Russland auszureisen, aber nur nachdem auf alles in Russland erworbene Vermögen Steuern bezahlt wurden,
- Völlige Befreiung vom Militärdienst,
- Steuerfreiheit,
- Erhalt von zugewiesenem Grund und Boden (zu Beginn ca. 15 Hektar pro männlichen Einwanderer) als erblicher Besitz auf ewige Zeiten, aber nicht als Privatbesitz sondern Gemeingut der Kolonie,
- Lokale Selbstverwaltung in den geschlossenen Kolonien,
- Finanzielle Unterstützungen, zinslose Kredite sowie die Übernahme der Transport- und Reisekosten durch die russische Regierung.

Die prekäre Lage in Deutschland nach dem Siebenjährigen Krieg sowie das durchaus attraktive Angebot von Katharina II. „veranlasste bis 1768 etwa 27.000 deutsche Siedler"(Ingenhorst 1997, S. 21) sich im Gebiet der mittleren Wolga anzusiedeln. Die ersten Jahre waren allerdings wesentlich beschwerlicher als angenommen. Zum einen waren unter den Kolonisten nicht nur Bauern die ihr Handwerk verstanden sondern einfach auch viele ungelernte und durch den Krieg entwurzelte Personen. Zum andern kamen die deutschen Kolonisten in den ersten Jahren nicht mit dem kontinentalen Klima zurecht, welches ihnen im gemäßigten Deutschland völlig fremd war. Die nötige andere Bewirtschaftung lernten die Kolonisten also nur schrittweise, was in den ersten Jahren zu Missernten, Hungersnöten und somit zu vielen Opfern unter den Einwanderern führte. Trotz anfänglicher Schwierigkeiten entwickelte sich die von den Deutschen besiedelte Region im Wolgagebiet in den folgenden Jahren gut, unter anderem wegen ihrer fortschrittlichen Produktionsweise, ihrer Disziplin und ihrem Fleiß. Bis 1798 war die Bevölkerung in den Wolgakolonien auf rund 39.000 angestiegen.

2.2 Der zweite Siedlerstrom

Die für Russland siegreichen Auseinandersetzungen mit dem osmanischen Reich in den Jahren zwischen 1774-92 ließen Russland wachsen, die Expansion ging weiter in Richtung des Schwarzen Meeres und Krim. Ab 1785 war die Schwarzmeerregion dann das Hauptansiedlungsgebiet für die deutschen Siedlergruppen. Allerdings gab es im Jahre 1804 ein neues Anwerbemanifest durch Alexander I. Die Anwerbung deutscher Siedler war weiterhin das Ziel, jedoch sollten ab diesem Zeitpunkt nur noch qualifizierte Landwirte angeworben werden, welche die Rolle als Musterwirte übernehmen sollten. Weiterhin gab es keine Zu- und Vorschüsse mehr und es wurden nur noch Familien angeworben. Dieses neue Manifest tat dem Siedlungsstrom jedoch keinen Abbruch, die besiedelten Gebiete entwickelten sich gut, vor allem die klimatisch günstig gelegenen Siedlungen in der Schwarzmeerregion. Bis ca. 1820 hielt der Strom deutscher Siedler an, sodass zu diesem Zeitpunkt in etwa 100.000 Siedler nach Russland ausgewandert sind. Die Kolonisten hatten bis 1862 über 3.000 Kolonien gegründet, zu den Kolonien ist zu sagen, dass sie „konfessionell homogen waren, d.h. es gab nur rein lutherische, katholische, mennonitische oder anders gläubige Kolonien"(Ingenhorst 1997, S. 27). Mit ihren russischen Nachbarn waren die Kolonien nur über Handelsbeziehungen verbunden, Probleme oder Spannungen gab es zu diesem Zeitpunkt mit der russischen Bevölkerung keine. Die Amtssprache in den sich selbst verwaltenden Kolonien war deutsch, die einzelnen Kolonien waren sozusagen kleine, homogene, deutsche Inseln in Russland, denn auch unter den Kolonien gab es kaum Kontakt. In den folgenden Jahren hielt der wirtschaftliche Aufschwung an und somit stieg auch die deutschsprachige Bevölkerung. Die Geburtenrate unter den Russlanddeutschen war sehr hoch, pro Familie waren bis zu acht Kinder die Regel, infolgedessen betrug ihre Zahl im Jahr 1897 laut einer Volkszählung im Zarenreich bereits 1,8 Millionen. Die Deutschen stellten durch diese Zahl im Zarenreich eine der einflussreichsten Minderheitengruppen dar.

2.3 Die zweite Hälfte des 19. Jahrhunderts

Allerdings waren die Entwicklungen in der russischen Gesellschaft im 19. Jahrhundert allgemein durch viele Widersprüche geprägt und somit auch die Situation der Russlanddeutschen zu dieser Zeit: der wirtschaftliche Aufschwung stand auf der einen Seite, auf der anderen Seite stand die politische und rechtliche Lage, welche sich unter Alexander II. (1855-1881) verschlechterte. Die durch Alexander II. durchgeführte Bauernbefreiung der russischen Bauern (1871) beeinträchtigte indirekt auch die Lage der deutschen Bauern deren Status als freie Bauern angeglichen und somit quasi abgeschafft wurde. Schrittweise wurden viele Privilegien der Deutschen abgebaut, so beispielsweise auch die politische Selbstverwaltung in den Kolonien. Ein nächster Schritt war es die deutsche Sprache als Amtssprache abzuschaffen und Russisch einzuführen, auch im Schulunterricht war Russisch nun die Umgangssprache. Dieser Einschnitt war zu der Zeit wohl einer der größten für die Russlanddeutschen, welche sich vor allem durch ihre gemeinsame deutsche Sprache definierten und sich dadurch vor der Russifizierung schützten. Auch die Befreiung vom Militärdienst wurde aufgehoben, was viele Familien in den Ruin stürzte, denn eine Einberufung hatte 25 Jahre Kriegsdienst zur Folge. Die politische und rechtliche Lage der Kolonisten verschlechterte sich am Ende des 19. Jahrhunderts infolgedessen immer weiter. Ein Grund für diese negative Entwicklung war die panslawistische Politik unter Alexander II., also der Versuch der Vereinigung aller slawischen Völker unter der Herrschaft Russlands, wobei die Deutschen im eigenen Land natürlich ein Dorn im Auge waren. Dieser ersten großen Krise in ihrer neuen Heimat wollten sich die Kolonisten natürlich entziehen, viele suchten ihr Glück in Amerika (bis 1912 ca. drei- bis vierhunderttausend) und viele versuchten auch durch eine Binnenwanderung in Richtung Osten der sozialen und politischen Unterdrückung zu entgehen. Unabhängig von der politischen Lage war die Situation der Deutschen in Russland von drei, teils schon skizzierten, Merkmalen geprägt. Erstens waren die verschiedenen deutschen Kolonien stark zersplittert, es gab also keine geschlossenen deutschen Siedlungsgebiete und somit gab es auch keine gemeinsame russlanddeutsche Entwicklung. Zweitens waren die Kolonien auch gegenüber den Russen isoliert, einziger Berührungspunkt war der Handel. Der dritte Punkt waren die unterschiedlichen Glaubensbekenntnisse, Mischehen gab es zwischen den meist evangelisch-lutherisch oder katholischen Deutschen und orthodoxen Russen keine, auch wollten die Russlanddeutschen durch Sprache und Religion ihre eigenen Identität erhalten.

2.4 Der Erste Weltkrieg

Mit dem Ausbruch des Ersten Weltkrieges verstärkten sich die nationalen Tendenzen und die Russifizierungspolitik in Russland und somit verschlimmerte sich auch die Lage der Russlanddeutschen. Die „deutsche Frage" kam auf, den Kolonisten wurde vorgeworfen russische Gebiete durch Germanisierung erobern zu wollen. Die Russlanddeutschen, welche für Russland loyal an der Westfront kämpften wurden in die Türkei versetzt. Der traurige Höhepunkt zur Zeit des Ersten Weltkrieges war für die Russlanddeutschen im Jahr 1915 dann das Innkrafttreten eines Gesetzes, welches insgeheim als ‚Liquidationsgesetz' gehandelt wurde. In diesem Gesetz wurden die Deutschen zu Zwangsverkäufen, was Enteignungen gleichkam, gezwungen. Das Gesetz wurde zunächst vor allem in den

Westregionen des damaligen russischen Reiches durchgeführt und somit wurden aus diesen Gebieten in kürzester Zeit ca. 150.000 Deutsche nach Sibirien deportiert. Die Liquidationsgesetzte sollten in den folgenden Jahren auf fast ganz Russland ausgeweitet werden, dies wurde allerdings durch die Februarrevolution 1917 und die eingeführte Provisorische Regierung verhindert. Die Februarrevolution gab den Russlanddeutschen wieder neue Hoffnung, doch mit der Machtergreifung der Bolschewiki unter der Führung Lenins sahen sie sich abermals mit neuen Problemen konfrontiert. Mit den Bolschewiki kamen neue Reformen, welche beispielsweise den Grund- und Bodenbesitz neu ordnen sollten. Für die Deutschen sehr einschneidend waren natürlich die neuen Regelungen welche die Kirche betrafen, die Trennung von Staat und Kirche schränkte das kirchliche Leben der Kolonisten ein und schwächte somit deren identitätsbildenden Einfluss. Religion und Brauch wurden somit nur noch im Privaten vollzogen. Die Jahre nach der Oktoberrevolution waren nicht nur für die Kolonisten schwer, das ganze Land befand sich in einer wirtschaftlichen, sozialen Krise und war geplagt von Missernten und Hungersnöten.

2.5 Die „Autonome Sozialistische Sowjetrepublik der Wolgadeutschen"

Neue Hoffnung und Aufschwung erhielten die Russlanddeutschen mit der Gründung der „Autonomen Sozialistischen Sowjetrepublik der Wolgadeutschen"(ASSR). Eine Regierung mit eigener Verfassung wurde gebildet um den Russlanddeutschen wieder Autonomie zu geben. Deutsch wurde im Territorium der ASSR der Wolgadeutschen wieder Amts- und Unterrichtssprache. Wirtschaftlich leistete die Wolgaregion wichtige Anteile zur russischen Gesamtproduktion, vor allem in der Landwirtschaft. Die bald erwirtschafteten Getreideüberschüsse ließen die Region wichtig für die Sowjets werden. Der wirtschaftliche Aufschwung hatte bald auch einen kulturellen zur Folge. Es gab deutsche Schulen, einen deutschen Staatsverlag, Museen und Bibliotheken, das kulturelle Leben blühte auf. Die Autonome Republik stellte in der von Höhen und Tiefen geprägten Geschichte der Russlanddeutschen wohl den Höhepunkt dar.

2.6 Die Machtergreifung Stalins

Diese Blütezeit wehrte allerdings nicht lange, nach dem Tod Lenins übernahm Stalin 1924 die Macht und bis zum Jahr 1928 die komplette Führungsposition in Russland. So kamen durch den ersten Fünfjahresplan1928 dann auch die Kollektivierungen und Entkulakisierungen, (‚Kulake' ist die russische Bezeichnung für Großbauer). Besonders die deutschen Bauern traf die Kollektivierung hart, da sie ja seit dem Anwerbemanifest an Privatbesitz gewöhnt waren. Bis 1930 wurden viele dieser russischen Großbauern nach

Sibirien deportiert, unter ihnen auch 50.000 Deutsche. Die Kollektivierung verursachte in den Jahren 1932 und 1933 aber auch enorme Hungersnöte bei denen „nach Schätzungen zwischen 5 und 11 Millionen Menschen an Hunger starben"(Ingenhorst 1997, S. 44) unter ihnen auch ca. 300.000 Russlanddeutsche. Eine erhebliche Verschlechterung der Lage der Russlanddeutschen trat vor allem durch die Machtergreifung Hitlers ein. Das kommunistische Russland war zum Hauptfeind des nationalsozialistischen Regimes geworden und somit Deutschland und auch die Deutschen in Russland zum Feind der Sowjetrepublik. Die Deutschen fielen bei der Machtpolitik Stalins unter die Volksfeinde und waren Opfer von Restriktionen, Misstrauen und Anfeindungen. Listen die alle Deutschen in Russland erfassten wurden bereits im Jahre 1934 erstellt, sie dienten späteren Verhaftungen, Deportationen und Erschießungen. Einzig der Zweifel Stalins an der Loyalität der Russlanddeutschen war Grund für solch eine willkürliche Herrschaft und die Säuberungen, welche natürlich nicht nur die Deutschen betraf sondern alle Minderheiten. Nicht nur die Kollektivierungen und Säuberungen trafen die Deutschen hart, auch die schon angesprochene Zerschlagung der Kirche in Russland war einschneidend für die Russlanddeutschen, da Religion und Kirche immer ein wichtiger Bestandteil in ihrem Leben waren. Das Verbot der Religion als „Opium fürs Volk" und die antireligiösen Kampagnen waren Gift für das Zusammengehörigkeitsgefühl und die Identität der Russlanddeutschen welche sich vor allem über die Religion und die deutsche Sprache als Gruppe definierten.

2.7 Der Zweite Weltkrieg

Nach dem Einmarsch Hitlers in die Sowjetunion 1941 verschärfte sich die Lage der Russlanddeutschen natürlich erneut, sie waren wiederum der Sündenbock, die Autonomie in der Wolgarepublik wurde zerschlagen und die ASSR der Wolgadeutschen aufgelöst und allein aus der Wolgaregion wurden in etwa 400.000 Deutsche nach Sibirien und Mittelasien deportiert, die Männer unter den Deportierten kamen in Arbeitslager und Familienverbände wurden getrennt. Die Deutschen, welche in den Westregionen also vornehmlich der Ukraine angesiedelt waren, fielen unter die Kontrolle des NS Regimes, allerdings war dadurch ihr Schicksal keineswegs besser. Sie wurden „Heim ins Reich" geholt und erhielten die deutsche Staatsbürgerschaft, allerdings waren sie verdächtig da sie unter russischer Herrschaft gelebt hatten und wurden dementsprechend schlecht behandelt. Die meisten Russlanddeutschen in den von den Nationalsozialisten besetzten Gebieten, ca. 350.000, wurden ins Warthegau gebracht. Hier war der Aufenthalt jedoch nur kurz, „etwa 200.000 Russlanddeutsche wurden bis zum Kriegsende am 9. Mai 1945 von der Roten Armee bei ihrem Vormarsch bis an die Elbe überrollt; sie wurden erneut erfasst und schnellstmöglich in die UdSSR ‚repatriiert'."(Ingenhorst 1997, S. 55) Diese 200.000 wurden, sofern sie den strapazierenden Transport überlebten, nach Sibirien und Mittelasien deportiert.

2.8 Die ersten Jahre nach dem Zweiten Weltkrieg

Der Zweite Weltkrieg markierte fast das Ende der Volksgruppe der Russlanddeutschen, den auch nach 1945 verbesserte sich die Lage nicht. Die Kriegsgefangenen wurden langsam aus den Arbeitslagern freigelassen aber die Russlanddeutschen mussten zum Großteil bleiben, sie unterstanden einer Sonderkommandatur und waren Repressionen ausgesetzt. So durften jene, welche nicht in Arbeitslagern waren nicht ihre neuen Wohnorte verlassen, eine Rückkehr in die Heimatgebiete war somit ausgeschlossen. Sie hatten sich auch einmal im Monat zu melden, ansonsten war mit Freiheitsstrafen zu rechnen. Auch die sozialen Strukturen waren durchbrochen, da Familien in der Regel getrennt wurden und eine Rückkehr in die alte Heimat schließlich untersagt war. In den neuen Siedlungsgebieten wurde aber auch der soziale Druck höher, Beschimpfungen und Diskriminierungen waren an der Tagesordnung, somit versuchten sich vor allem die Jüngeren anzupassen um Repressionen aus dem Weg zu gehen.

2.9 Die Jahre nach 1955

Nach dem Besuch Adenauers Mitte 1955 befanden sich noch alle Russlanddeutschen, zu dieser Zeit etwa 1,5 Millionen in russischem Gewahrsam jedoch verbesserte sich die Lage Ende 1955. „Die Deutschen wurden freie Sowjetbürger, die Kommandatur wurde aufgehoben, aber die Deutschen bekamen die bei der Zwangsumsiedlung konfiszierten Werte nicht zurück, sie wurden nicht rehabilitiert und sie durften nicht in ihre Vertreibungsgebiete zurückkehren." (Ingenhorst 1997, S. 56-57) Da sie in ihre Herkunftsgebiete nicht zurückkehren konnten verteilten sich die Russlanddeutschen nun endgültig in der riesigen Sowjetunion, an ein gemeinsames Siedlungsgebiet war nun gar nicht mehr zu denken. Die meisten blieben in Sibirien oder Mittelasien und eine neue Bevölkerungsverteilung bei den Deutschen in Russland war die Folge; zum Vergleich:

„Im Jahre 1926 siedelten in der Ukraine 31,8 Prozent, in übrigen europäischen Teilen der Sowjetunion 54,6 Prozent, in Sibirien 6,6 Prozent, in Kasachstan 4,1 Prozent und in Mittelasien 0,8 Prozent der deutschen Bevölkerung. Im Jahre 1979 siedelten dagegen in der Ukraine 1,8 Prozent, im europäischen Teil der UdSSR (ohne die Ukraine) 18,6 Prozent, in Sibirien 23,8 Prozent, in Kasachstan 46,5 Prozent und in Mittelasien 9,3 Prozent der deutschen Bevölkerung."(Bundeszentrale für politische Bildung, 2000)

Infolge der neuen Verteilung in Russland mussten sich die Deutschen mit allen anderen Kulturen arrangieren die in ihren neuen Siedlungsgebieten anzutreffen waren was gleichzeitig zu einer Vernachlässigung der eigenen Kultur aufgrund von Assimilationsdruck führte. Auch der Gebrauch der deutschen Sprache als Identitätsmerkmal wurde geringer, da man sich schließlich auch mit den neuen Nachbarn verständigen musste und auch aufgrund von ständigen Diskriminierungen wurde die deutsche Sprache in der Öffentlichkeit ohnehin vermieden. Da es auch keinen Deutschunterricht an den Schulen gab schritt die Russifizierung weiter voran, „während von allen Deutschen, die sich 1926 als solche eintragen ließen, noch 95 Prozent Deutsch als ihre Muttersprache bezeichneten, ging dieser Anteil 1959 auf 75 Prozent, 1970 auf 66,8 Prozent, 1979 auf 57,7 Prozent und 1989 auf 48,7 Prozent zurück." (Bundeszentrale für politische Bildung, 2000). Auch die Kirchen, welche durch Gebete und Gesänge schließlich auch die deutsche Sprache weitergaben, waren seit dem einsetzenden Kommunismus verboten. Somit war ein weiteres Identitätsmerkmal der Russlanddeutschen ausgelöscht worden. Zwar spielte die Religion weiterhin eine wichtige Rolle für die Gruppe, allerdings konnte sie nicht mehr öffentlich ausgeübt werden und die Geistlichen, also Pfarrer und Priester, waren aufgrund der Verfolgungen in den 20er und 30ern im traurigsten aber wahrsten Sinne des Wortes ausgestorben. Bis zur Regierungsübernahme Gorbatschows im Jahr 1985 ist die Situation der Russlanddeutschen also folgendermaßen zu beschreiben: sie waren Entwurzelt mit keiner Chance auf Rückkehr in ihre Heimatgebiete und sie konnten ihre Sprache und Religion nicht mehr öffentlich ausüben. Dazu kommt noch der überaus hohe Assimilationsdruck, sie wurden als ‚Fritze und Faschisten' beschimpft und hatten auch sonst immer mit Repressionen aufgrund ihrer Nationalität zu kämpfen. So war beispielsweise „ihrem nationalen Status entsprechend der Zugang für deutsche zu Bildung, zu besseren Arbeitsplätzen, zu Studienplätzen und gesellschaftlichen Funktionen, wie auch ihre Freizügigkeit, beschränkt." (Ingenhorst 1997, S. 61). Auch die Ausreise nach Deutschland war keine richtige Alternative, zwar wollten die meisten zurück nach Deutschland, doch waren die mit dem Ausreiseantrag verbundenen Repressionen und Diskriminierungen ein hohes Druckmittel seitens der Sowjetregierung. Antragsteller wurden öffentlich gemacht und an den Pranger gestellt. Zum Vergleich: in den zwei Jahren nach dem Besuch Adenauers in Moskau, also von 1955-1957 „hatten schon über 100.000 Deutsche die Ausreise aus der Sowjetunion beantragt"(Ingenhorst 1997, S. 59). Bei der Betrachtung der Aussiedlerstatistik des Bundesverwaltungsamtes kamen aus der UdSSR im Zeitraum von 1955-1957 aber gerade mal 2093 Aussiedler nach Deutschland, diese Zahlen zeigen schon deutlich wie selten die Anträge genehmigt wurden.

2.10 Die Veränderung durch Glasnost und Perestroika

Der hohe Assimilationsdruck nach den Kriegsjahren führte zu einer Russifizierung der Russlanddeutschen, dennoch hatten sie die deutsche Nationalität und litten bis in die 80er und 90er unter den Diskriminierungen, was für viele immer noch ein Grund war die Hoffnung auf eine Ausreise zurück in die „Heimat", nach Deutschland nicht aufzugeben. Der Umschwung in Sowjetrepublik kam 1985 mit Gorbatschow und seiner Politik von „Glasnost" und „Perestrojka", zu Deutsch also Offenheit und Umgestaltung. Mit dem Zusammenbruch der UdSSR keimte bei Vielen wieder die Hoffnung auf zurück nach Deutschland zu kommen und den ständigen Diskriminierungen zu entfliehen und mit der Liberalisierung der Ausreisebestimmungen im Jahr 1986 wurden diese Hoffnungen auch Realität. Viele nutzen den „'Umweg' über die Russische Föderation als ‚Parkplatz' bis zur endgültigen Ausreise"(Ingenhorst 1997, S. 65) da die meisten in den mittelasiatischen Regionen entstandenen neuen Länder mit schwerwiegenderen Problemen zu kämpfen hatten und sich quasi nicht um die Russlanddeutschen kümmerten. So gingen viele dem Umweg über die Russische Föderation und insgesamt sind in den ersten zehn Jahren nach Gorbatschows Amtsantritts knapp 1,3 Millionen Russlanddeutsche aus der ehemaligen UdSSR nach Deutschland ausgereist (Aussiedlerstatistik Bundesverwaltungsamt). Vor allem das 1989 verabschiedete und 1993 vom neuen Präsidenten Jelzin bewilligte Gesetz zur freien Ausreise führte zu riesigen Ausreisewellen.

2.11 Das Leben in Russland und die Hoffnungen auf ein Leben in Deutschland

Die Geschichte der Russlanddeutschen in Russland war geprägt von Höhen und Tiefen, wobei die Tiefen wohl überwogen. Bis auf einige Blütejahre, vor allem zur Zeit der Entstehung der Autonomen Sowjetrepublik der Wolgadeutschen, mussten sich die Russlanddeutschen ständig durchkämpfen. In den Anfängen die langen Trecks in Richtung Russland, bei welchen Tausende ums Leben kamen, dann die ersten Jahre in dem neuen Klima und mit anderen Bodenverhältnissen, was zu Missernten und vielen Hungertoden führte. Trotz dieser ersten Krisen kämpften sich die Russlanddeutschen durch und verstanden es trotz der widrigsten Umstände das Beste aus der Situation zu machen und sich zu entwickeln. In der Zeit bis zum Zweiten Weltkrieg „konnten sie in ihrem Mikrokosmos ‚ihre' deutsche Sprache (Dialekt), Riten, Religion und Tradition von der russischen Außenwelt relativ gut abgeschottet von Generation zu Generation weitergeben"(Ingenhorst 1997, S. 66) und somit ihre deutsche Identität bewahren. Erst der Zweite Weltkrieg brachte durch die Deportationen, Säuberungen und die Zerstörung alter Strukturen einen Bruch in das Leben der Russlanddeutschen. Vor allem die Jüngeren hielten dem Russifizierungsdruck oft nicht mehr stand und passten sich mehr und mehr an. Doch vor allem die Alten gaben die Hoffnung nicht auf und wollten ihre deutsche Identität und Kultur nicht sterben sehen, deshalb war es auch im speziellen ihnen ein Wunsch wieder nach Deutschland „heimzukehren", auch die Familienzusammenführung spielte eine Rolle und der Wunsch in Freiheit leben zu können. Mit den Alten als Motor für die Aussiedlung war und ist das Russlanddeutschtum in Russland wohl am Aussterben, mit knapp 2,4 Millionen Russlanddeutschen, welche bis 2006 nach Deutschland ausgesiedelt sind ist das Kontingent der Deutschen in Russland nach eigenen Hochrechnungen wohl weitgehend erschöpft. Die knapp 250 jährige Geschichte der Russlanddeutschen in Russland nimmt ein Ende, vorbei ist sie nach der Aussiedlung nach Deutschland dennoch nicht.

3. Russlanddeutsche in Deutschland

3.1 Die Vertriebenen bis 1950 und die Aussiedler bis zu Beginn der neunziger Jahre

Nach dem Zweiten Weltkrieg waren etwa acht Millionen Deutsche durch Flucht und Vertreibung in den deutschen Ostgebieten und Osteuropa verstreut, unter ihnen auch viele Russlanddeutsche. Bis zum Jahr 1950 wurden die Heimkehrer als Vertriebene bezeichnet und nach der Gründung der Bundesrepublik 1949 wurden aus den Vertriebenen Aussiedler. Im Jahr 1953 gab es das erste „Gesetz über die Angelegenheiten der Vertriebenen und Flüchtlinge- das Bundesvertriebenengesetz (BVFG) (Ingenhorst 1997, S. 87). Laut diesem Gesetz werden deutsche Volkszugehörige aus der UdSSR in Deutschland aufgenommen. Die Abstammung ist zu dieser Zeit im Grunde das einzig feste Kriterium für die deutsche Volkszugehörigkeit, der Rest war relativ variabel auszulegen. Die Aussiedler hatten also einen besonderen Status, sie bekamen mit der Einreise quasi sofort wieder die deutsche Staatsangehörigkeit, Parallelen dazu sind nirgendwo anders auf der Welt zu finden. Der Grund für diese positive Situation war zum einen sicherlich die politische Lage, also der Kalte Krieg, der Gegensatz von Demokratie und Kommunismus, die Staaten versuchten alles um Diskriminierungen und Repressionen im jeweils anderen Staat öffentlich zu machen. Zum anderen lag diese lockere Regelung aber natürlich auch an den geringen Aussiedlerzahlen in Deutschland, bis 1987 kamen im Durchschnitt nicht einmal 40.000, davon gerade mal 3.000 per anno aus der UdSSR. Bei diesen Zahlen fiel eine Integration natürlich nicht besonders schwer, auch von der Öffentlichkeit blieben die Aussiedler eher unerkannt.

14

3.2 Die Spätaussiedler

Als die deutsche Politik allerdings erkannte, das die Zahlen der Aussiedler, vor allem der Russlanddeutschen, mit den verbesserten politischen Beziehungen nach Moskau, in die Höhe schnellten mussten sie reagieren. Von 1988 bis 1990 kamen in nur zwei Jahren aus den Gebieten der ehemaligen UdSSR über 293.000 Aussiedler, zum Vergleich dazu kamen in den 37 Jahren vorher, also von 1950 bis 1987nicht einmal 110.000. Der Aussiedlerzuzug wurde im Jahr 1990 dann durch das Aussiedleraufnahmegesetz (AAG) kontingentiert. „Die Aussiedler müssen ihr Anerkennungsverfahren beim Bundesverwaltungsamt in Köln von ihrem Heimatwohnsitz in ihrem Herkunftsland betreiben und dürfen erst nach Erhalt eines Aufnahmescheins in die Bundesrepublik einreisen.(Ingenhorst 1997, S. 102) Dadurch wurde eine Steuerung der Aussiedlerzahlen möglich und ein Aufnahmekontingent von maximal 220.000 festgelegt. Einen weiteren Rahmen stellte dann das Bundesvertriebenengesetz(BVFG) von 1993 dar, hier fiel im gesetzlichen Rahmen erstmals das Wort „Spätaussiedler". Der entsprechende Auszug aus § 4 des BVFGs:

„(1) Spätaussiedler ist in der Regel ein deutscher Volkszugehöriger, der die Republiken der ehemaligen Sowjetunion, Estland, Lettland oder Litauen nach dem 31. Dezember 1992 im Wege des Aufnahmeverfahrens verlassen und innerhalb von sechs Monaten im Geltungsbereich des Gesetzes seinen ständigen Aufenthalt genommen hat, wenn er zuvor

1. seit dem 8. Mai 1945 oder
2. nach seiner Vertreibung oder der Vertreibung eines Elternteils seit dem 31. März 1952 oder
3. seit seiner Geburt, wenn er vor dem 1. Januar 1993 geboren ist und von einer Person abstammt, die die Stichtagsvoraussetzung des 8. Mai 1945 nach Nummer 1 oder des 31. März 1952 nach Nummer 2 erfüllt, es sei denn, dass Eltern oder Voreltern ihren Wohnsitz erst nach dem 31. März 1952 in die Aussiedlungsgebiete verlegt haben,

seinen Wohnsitz in den Aussiedlungsgebieten hatte.

(2) Spätaussiedler ist auch ein deutscher Volkszugehöriger aus den Aussiedlungsgebieten des § 1 Abs. 2 Nr. 3 außer den in Absatz 1 genannten Staaten, der die übrigen Voraussetzungen des Absatzes 1 erfüllt und glaubhaft macht, dass er am 31. Dezember 1992 oder danach Benachteiligungen oder Nachwirkungen früherer Benachteiligungen auf Grund deutscher Volkszugehörigkeit unterlag.

(3) 1 Der Spätaussiedler ist Deutscher im Sinne des Artikels 116 Abs. 1 des Grundgesetzes. 2 Nichtdeutsche Ehegatten oder Abkömmlinge von Spätaussiedlern, die nach § 27 Abs. 1 Satz 2 in den Aufnahmebescheid einbezogen worden sind, erwerben, sofern die Einbeziehung nicht unwirksam geworden ist, diese Rechtsstellung mit ihrer Aufnahme im Geltungsbereich des Gesetzes." (Bundesvertriebenengesetz)

In den nächsten Jahren wurden weitere Regelungen auf den Weg gebracht. Wie in allen Bereichen waren die Sozialkassen leer und auch die Aussiedler mussten sich mit geringeren Sozialleistungen abfinden, so wurde beispielsweise das Eingliederungsgeld, welches in der Übergangsphase helfen sollte, gekürzt. Auch die Sprachförderung, welche den Russlanddeutschen angeboten wurde, verkürzte sich von einem Jahr auf sechs Monate. Die neuen Sprachtests, welche vor einer Einreise nach Deutschland in den Herkunftsländern zunächst bestanden werden müssen, wurden im Jahr 1996 eingeführt und stellten eine weitere Hürde für die Aussiedler dar. Dennoch hielten die Zahlen der ankommenden Aussiedler aus der UdSSR an, von 1990-1999 kamen rund 1,6 Millionen Russlanddeutsche.

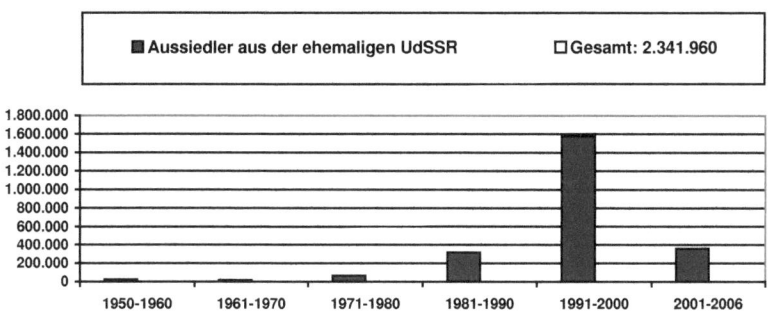

Abbildung 1: Eigene Darstellung, Datenquelle: Aussiedlerstatistik des Bundes, http://www.bmi.bund.de/cln_012/Internet/Content/Common/Anlagen/Themen/Vertriebene__Spaetaussiedler/Sta tistiken/Aussiedlerstatistik__seit__1950,templateId=raw,property=publicationFile.pdf/Aussiedlerstatistik_seit_1 950.pdf

Die Grafik zeigt den Verlauf der Aussiedlerzahlen der Russlanddeutschen seit 1950 wie sie im der Aussiedlerstatistik des Bundesverwaltungsamtes geführt wurden. In den ersten zwei Dekaden sind die Zahlen wirklich extrem gering, in den 70ern und 80ern steigen sie dann und in den 90er gehen sie explosionsartig in die Höhe. Die schwächeren Zahlen der letzten sechs Jahre zeigen, dass zum einen die neuen Gesetze Wirkung bewiesen, aber zum anderen natürlich auch, dass die „Quellen" der Russlanddeutschen in Russland versiegen. Vor allem die Zahl im Jahr 2006, hier kamen nur noch 7.626 nach Deutschland, die großen Wellen der Aussiedler dürften wohl im neuen Jahrtausend vorüber sein.

3.3 Integrationsprobleme der Russlanddeutschen

Die Integration der Aussiedler ist vor allem zum Ende der Neunziger ein großes Thema in der Politik und Öffentlichkeit geworden. Solange die Aussiedlerzahlen noch relativ gering waren hat man die Probleme noch unterschätzt. So hegte man Ende der 80er noch den „Glauben an die vermittelnde Kraft ehtno-nationaler Bindewirkungen" (Bade 1999, S. 32), da die Aussiedler aufgrund ihrer ähnlichen kulturellen und ethnischen Identität ja die optimalen Integrationsbedingungen mitbringen (vgl. Bade 1999, S. 32). Diese „ethno-nationale" Bindung wurde aber definitiv überschätzt, denn bei einer genaueren Betrachtung der Geschichte der Russlanddeutschen Aussiedler konnte man sehen, dass es sich hierbei um Deutsche handelte, wie sie in Deutschland wahrscheinlich vor 250 Jahren lebten, zumindest aus kultureller Sicht. D.h. die Russlanddeutschen haben durch ihre geschlossenen Gemeinden in Russland die Tradition und auch die Sprache so aufrechterhalten wie sie zu der Zeit war als sie Deutschland verlassen hatten. Eine Entwicklung die eine relativ offene Gesellschaft in 250 Jahren durchlebt fehlte ihnen schlicht. Dieses „Inselleben" in Russland bringt ein weiteres Integrationshemmnis mit sich, die Russlanddeutschen haben nie gelernt sich zu integrieren, sie lebten isoliert, mit eigener Sprache, Kultur und Religion, es wurde nie von ihnen verlangt sich zu integrieren. Bis auf die Zeit nach dem Zweiten Weltkrieg, als sie durch Mittel wie Repression oder Diskriminierungen quasi dazu gezwungen wurden, aber selbst da versuchten sie im privaten ihr „Deutschtum" zu bewahren. Das „russlanddeutsche Deutschtum" andererseits stellt wiederum ein Problem da, es führt zu Identitätskonflikten. In Russland wurden sie wegen ihrer deutschen Identität verfolgt und diskriminiert und deshalb hegten auch viele den Wunsch „zurück ins Reich", wie viele der Älteren sagten, zu kehren um als ‚Deutsche unter Deutschen' zu leben. Im bundesdeutschen Alltag sieht es allerdings anders aus, viele Deutsche verstehen die russlanddeutsche Geschichte nicht und für sie sind es einfach die Russen. Da sind Identitätskonflikte schon vorprogrammiert, wenn man in Russland als Faschist und in Deutschland als Russe bezeichnet wird. Diese Konflikte führen bei vielen Russlanddeutschen zu Orientierungslosigkeit, sie wissen nicht wo sie hingehören, deshalb findet man heute wahrscheinlich auch oft Siedlungen in denen überdurchschnittlich viele Russlanddeutsche wohnen, sie wollen wieder unter sich sein, wie in Russland. Diese

Enklavenbildung wiederum führt dazu, dass dort fast nur russisch gesprochen wird, vor allem bei den jüngeren oder jugendlichen Aussiedlern, was die Sprachbarrieren und somit die Integrationsschwierigkeiten erhöht. Es ist also eine Art Spirale oder Kreis in dem sich viele Russlanddeutsche befinden und es ist sicher nicht die Situation welche sie sich bei ihrer ersehnten Ausreise aus Russland erhofft hatten. Dies ist also eine erneute und wahrscheinlich die letzte Krise in dem von Krisen gepflasterten Weg der Russlanddeutschen, aber sie haben im Laufe der Geschichte gelernt sich durchzuschlagen und werden auch diesmal zu Lösungen kommen.

4. Heinz Ingenhorsts Studie: „Aussiedler in Münster"

4.1 Ziele und Methoden der Untersuchung

Die Untersuchung „Aussiedler in Münster" „wurde 1992/1994 am Lehrstuhl für Soziologie im Institut für Wirtschafts- und Sozialwissenschaften im Rahmen des Projekts ‚Integrationsprobleme von Spätaussiedlern im kommunalen Raum'"(Ingenhorst 1997, S. 115) durchgeführt. Ziel war es Haltungen und Einstellungsmuster der Russlanddeutschen in Russland und dann in Deutschland zu finden. Also beispielsweise Motive zur Aussiedlung, „Herkunft, Mentalität, Lebensweise, Lebensgeschichten, Familien, Hoffnungen und nicht zuletzt ihr Alltag in ihren Herkunftsgebieten und nun in Münster standen im Mittelpunkt des Interesses."(Ingenhorst 1997, S. 114-115). Zu den Erhebungsmethoden ist zu sagen, dass zunächst Leitfadeninterviews mit Experten geführt wurden, also vornehmlich mit Mitarbeiten von Verbänden, Behörden oder Sprachkursen die mit der Aussiedlerarbeit vertraut waren. Zur Erhebung unter den Aussiedlern selbst wurden einerseits Fragebögen in den Notunterkünften und Sprachkursen in Münster verteilt, andererseits aber auch einige offene Interviews geführt.

4.2 Ergebnisse der Untersuchung

Um sich in die Thematik der Aussiedlerproblematik einzufinden wurden neben der Literaturrecherche zunächst die Experteninterviews geführt. Der erste Punkt der hier festgestellt wurde war dass sich die Aussiedlerproblematik eigentlich fast nur auf die Aussiedler der GUS, also die Russlanddeutschen zuspitzt, da sie einfach den Großteil der Aussiedler in Münster darstellten. Weiterhin kam heraus, dass die Aussiedler eine „typisch deutsche Mentalität" hatten, also „ordentlich sauber, ehrlich, fleißig, pünktlich etc."(126) waren. Ein weiterer wichtiger Punkt der den Betreuern auffiel war die Familienabhängigkeit und der starke Familienzusammenhalt. Auch die Identitätsprobleme fielen den Experten auf, die Russlandsdeutschen kamen ihrer Ansicht nach als Deutsche sind in der BRD aber die

Russen. Zum Leben der Aussiedler in ihren Herkunftsgebieten ist zu sagen, dass es überwiegend agrarisch geprägt und familienzentriert war. Die deutsche Sprache, Kultur und die Religion wurde vor allem in den ländlichen Gebieten aufrechterhalten. Die tägliche Arbeit, meist im landwirtschaftlichen Bereich, war der Lebensinhalt. Im Verlauf der Geschichte, also mit dem Ende des Zweiten Weltkrieges stieg der Assimilationsdruck, die deutsche Sprache wurde nur noch im privaten verwendet und die Älteren beklagten die voranschreitende Russifizierung unter den Jungen. Als Gründe für die Aussiedlung gaben die meisten an wieder als „Deutsche unter Deutschen" leben zu wollen und die deutsche Sprache wieder öffentlich benutzen zu können. Auch die Unzufriedenheit und die Unsicherheit in den GUS Staaten, seien sie ökonomischer, politischer oder sozialer Natur, wurden häufig als Aussiedlungsgrund genannt. Bei der Befragung zu den ersten Schritten der Russlanddeutschen in der BRD kommt ein recht negatives Bild auf. Die einzig positiven Eindrücke die beschrieben werden sind die Ordnung, Freiheit und Sauberkeit welche in Deutschland herrscht. Die negativen Eindrücke überwogen jedoch, wie beispielsweise die schlechte Wohnsituation in den Notunterkünften oder die übermäßige Bürokratie. Geholfen fühlen sich die meisten Neuankömmlinge auch nicht, zumindest nicht von Seiten der Deutschen Politik, unter den Familien ist die gegenseitige Hilfe aber wie schon damals in Russland da. Auch die Isolation oder teilweise sogar offene Ablehnung von den Einheimischen macht den Russlanddeutschen zu schaffen. Die Tendenz die bei den Russlanddeutschen ganz eindeutig war kann als Desillusionierung beschrieben werden. Die Erwartungen und Hoffnungen welche sie mit der Aussiedlung verbunden hatten verflogen nach der ersten Euphorie schnell und die Realität holte sie sein, es ist schlicht nicht mehr dasselbe Deutschland welches sie vor fast 250 Jahren verlassen hatten.

4.3 Kritik an der Untersuchung

Zunächst sollte man sich die Erhebungsmethoden noch einmal vor Augen führen. An den Experteninterviews gibt es wenig zu kritisieren, beim weiteren Vorgehen allerdings schon. Der nächste Schritt der Untersuchung waren die Fragebögen, schon die Verteilung ist kritikwürdig, keiner der Forschenden verteilte die Fragebögen sondern sie wurden an die Betreuer der Notunterkünfte zum Verteilen übergeben. Die Rücklaufquote von nur 20 Prozent ist dann sicher nicht verwunderlich. Auch die Fragestellung in den Fragebögen ist teilweise wohl zu kompliziert. Die Fragen sind für einen Einheimischen wirklich verständlich, doch muss man bedenken, dass die meisten Russlanddeutschen, sofern sie überhaupt die deutsche Schrift beherrschen, einen deutschen Dialekt sprechen wie er vor

200 Jahren in Deutschland gesprochen wurde. Da sind Fragen wie „Die Solidarität unter den Menschen in der Bundesrepublik ist gering 0ja 0nein"(Ingenhorst 1997, S. 233) für die Befragten wahrscheinlich kaum verständlich. Es wurden auch offene Fragen eingebaut, deren Beantwortung wahrscheinlich oft auch an dem schon beschriebenen Problem, der Beherrschung der deutschen Schrift, scheiterte. Die offenen Interviews wurden nur von Deutschen geführt, das war auch eine Einschränkung bei der Auswahl der Interviewpartner, diese mussten deutsch sprechen, was natürlich an der Repräsentativität zweifeln lässt. Den Interviews wohnte also kein bilingualer bei, der bei eventuellen Schwierigkeiten helfen konnte, auf den Gedanken die Interviews in Russisch zu führen und somit bessere Ergebnisse zu erzielen kam man ebenfalls nicht. Dementsprechend wurde in den Untersuchungsergebnissen auch bemängelt, dass „oft in einem sehr einfachen gebrochenem ‚Deutsch'" gesprochen wurde, was „das Zuhören und Verstehen teilweise sehr anstrengend und die spätere Transkription schwierig"(Ingenhorst 1997, S. 120) machte. Der letzte Kritikpunkt ist sicherlich, dass die Fragebögen und die Interviews nur in den Notunterkünften verteilt bzw. geführt wurden. Durch die angespannte Wohnsituation in diesen Unterkünften fiel das Bild über Deutschland sicher negativer aus. Auch die Tatsache, dass die Aussiedler in diesen Unterkünften immer nur kurze Zeit wohnen und somit noch nicht richtig Fuß in der Gesellschaft fassen konnten lässt die Eindrücke sicherlich negativer ausfallen. In der Studie wird bedauert, dass nur in den Notunterkünften erhoben wird, da aus datenschutzrechtlichen Gründen keine Adressen von Aussiedlern gespeichert werden die die Notunterkünfte verlassen haben. Aufgrund der Erkenntnisse die man aber in der eigenen Untersuchung gemacht hat -gemeint soll hier der starke Familienzusammenhalt sein- hätte man sicherlich ohne weiteres durch ein Schneeballverfahren an Adressen von schon länger in Deutschland ansässigen Aussiedlern gelangen können.

4.4 Resümee

Trotz der angesprochenen Schwächen in der Erhebung ist die Studie „Aussiedler in Münster" relativ aufschlussreich. Die Perspektiven der professionellen Betreuer sind interessant und auch das Leben der Aussiedler in ihren Herkunftsgebieten gibt einen guten Überblick über die Situation die in der ehemaligen Sowjetunion herrschte. Auch die Gründe für die Aussiedlung sind durchaus informativ. Wo die Kritikpunkte jedoch greifen sind vor allem die Beschreibungen zu den ersten Erfahrungen in der BRD, hier ist die Tendenz aufgrund der angesprochenen Hintergründe eher negativ, was sicher nicht der repräsentativen Meinung aller Russlanddeutschen entspricht.

5. Aussichten

Mit dem Hintergrundwissen über die entbehrungsreiche Geschichte der Russlanddeutschen sollte eigentlich jedem Bundesbürger klar werden warum diese Menschen Deutsche sind und ein Recht darauf haben die deutsche Staatsbürgerschaft zu erhalten. Mit den Zahlen aus dem Jahr 2006, es kamen rund 7.500 Aussiedler aus der ehemaligen UdSSR, sollte die Welle der Russlanddeutschen Aussiedler ohnehin ein Ende gefunden haben. Dennoch sind mittlerweile ca. 2,4 Millionen Russlanddeutsche in der BRD, die meisten von ihnen kamen in den 90ern und stellen somit eine riesige Gruppe dar. Vor allem die Spätaussiedler haben oft Probleme mit ihrer Identität und Sprache und ziehen sich oft in ihre Enklaven zurück. Vor allem bei den Jugendlichen ist dieses Phänomen zu entdecken, hier muss sicher noch ein Riesenschritt bei der Integration von Russlanddeutschen Jugendlichen gemacht werden. Aber wie schon so oft in der Geschichte der Russlanddeutschen werden sie sich hoffentlich auch durch diese wahrscheinlich letzte Krise kämpfen können.

6. Literaturverzeichnis

- Bade, Klaus, J./ Oltmer, Jochen: Aussiedler: deutsche Einwanderer aus Osteuropa. IMIS-Schriften, Band 8. Osnabrück 1999

- Ingenhorst, Heinz: Die Russlanddeutschen. Aussiedler zwischen Tradition und Moderne. Campus Verlag. Frankfurt 1997

- Aussiedlerstatistik aus dem Bundesministerium des Inneren:
  - http://www.bmi.bund.de/cln_012/Internet/Content/Common/Anlagen/Themen/Vertriebene__Spaetaussiedler/Statistiken/Aussiedlerstatistik__seit__1950,templateId=raw,property=publicationFile.pdf/Aussiedlerstatistik_seit_1950.pdf
  - http://www.bmi.bund.de/nn_165002/Internet/Navigation/DE/Themen/Vertriebene__Spaetaussiedler/DatenUndFakten/datenUndFakten__node.html__nnn=true

- Bundeszentrale für politische Bildung: Informationen zur politischen Bildung, Aussiedler, Heft 267, Bonn 2000
  - http://www.bpb.de/publikationen/0992009760743496942401556902000083,0,0,Aussiedler.html
  - http://www.bpb.de/themen/96ORR8,0,0,Aussiedler.html

- Bundesvertriebenengesetz:
  - http://bundesrecht.juris.de/bvfg/index.html

BEI GRIN MACHT SICH IHR
WISSEN BEZAHLT

- Wir veröffentlichen Ihre Hausarbeit,
  Bachelor- und Masterarbeit

- Ihr eigenes eBook und Buch -
  weltweit in allen wichtigen Shops

- Verdienen Sie an jedem Verkauf

Jetzt bei www.GRIN.com hochladen
und kostenlos publizieren